Nagwa Soliman

L'unità in mezzo alla divisione

Nagwa Soliman

L'unità in mezzo alla divisione

ScienciaScripts

Imprint

Any brand names and product names mentioned in this book are subject to trademark, brand or patent protection and are trademarks or registered trademarks of their respective holders. The use of brand names, product names, common names, trade names, product descriptions etc. even without a particular marking in this work is in no way to be construed to mean that such names may be regarded as unrestricted in respect of trademark and brand protection legislation and could thus be used by anyone.

Cover image: www.ingimage.com

This book is a translation from the original published under ISBN 978-3-330-07433-0.

Publisher:
Sciencia Scripts
is a trademark of
Dodo Books Indian Ocean Ltd. and OmniScriptum S.R.L publishing group

120 High Road, East Finchley, London, N2 9ED, United Kingdom
Str. Armeneasca 28/1, office 1, Chisinau MD-2012, Republic of Moldova, Europe
Printed at: see last page
ISBN: 978-620-7-39436-4

Indice dei contenuti

CAPITOLO 1

Introduzione

Con tutto ciò che sta accadendo nel mondo arabo, risuona sempre la domanda martellante di cosa abbia causato tutta questa divisione. Nel mondo arabo condividiamo una lingua e viviamo insieme anche se abbiamo religioni diverse. Quella che viene chiamata Primavera araba non è altro che la frammentazione e la divisione araba. Lo scopo di questo libro è quello di mostrare il tropo dell'unità e della divisione che si manifesta in modo vivido nel nostro mondo di oggi, come si vede in diversi Paesi di vari continenti.

L'idea di unità esiste nella nostra vita. Per esempio, Theodor Waitz credeva nell'"unità psichica" del genere umano e rifiutava l'idea che l'uomo appartenesse a più specie in base alla sua razza (Jahoda, 2014). Un altro esempio di unità si trova nella scienza con la sua capacità di unire gli esseri umani, come ha affermato Hollinger (2011), secondo cui la scienza è "un agente di integrazione culturale non per le conoscenze che i cittadini possono apprendere, ma per la sua capacità di unire persone di diversa provenienza in un'unica e nobile disciplina della mente". Strettamente correlata a questa visione, è quella che i greci (Platone, Aristotele e gli stoici) percepivano come l'unità delle virtù, basata sull'idea che "la virtù implica essenzialmente la conoscenza... tale conoscenza è essenzialmente olistica" (Wolf, 2007). Quindi, se uno acquisisce una virtù, ci si aspetta che abbia la conoscenza per possedere tutte le altre virtù (Penner, 1972). Inoltre, in modo simile, le discipline della scienza hanno un'unità, come ha detto Galison (1998), secondo cui questa unità tra le discipline scientifiche si basa sulla combinazione di diverse strategie, professioni e modelli di lavoro "nella produzione di soluzioni pragmatiche [operative] a problemi immediati". È quindi degno di nota sottolineare che l'unità è parte integrante della nostra esistenza ed è nel nostro interesse abbracciarla e scartare la divisione.

È importante innanzitutto definire l'unità, che può essere interpretata in vari modi, visti da prospettive diverse. Per alcuni, l'unità è quando c'è "armonia" e coesione "che è più sostanziale dell'aspetto multiculturale superficiale presentato in una brochure turistica" (Lim, 2010). Per altri, può significare quando le persone sono in grado di vivere insieme e di parlare senza vedersi diverse a causa della loro religione o etnia. Inoltre, alcuni la considerano esistente solo nel passato, quando "la razza e la religione non formavano barriere per tenere le persone separate" (Lim, 2010). Se ne deduce che il raggiungimento dell'unità non è un obiettivo impossibile da realizzare nel nostro tempo, se viene pianificato e attuato correttamente.

Il libro comprende tre parti e inizia con esempi di alcuni catalizzatori di unità. La prima parte esplora la questione dell'unità e della divisione attraverso la percezione di questo tropo in diversi Paesi (Stati Uniti, Belfast, Rowanda, Timor Est e Malesia), selezionati in base alla loro rappresentazione di diversi continenti e al fatto che questo tropo esiste in questi Paesi. Nella seconda parte, vengono analizzati esempi di narrativa che mostrano questo tema sociale di divisione e unità. Nella terzultima parte, vengono aggiunti due racconti per illustrare ulteriormente l'unità utilizzando la narrativa come mezzo di espressione. L'autore ritiene che, come affermava Zola, "la finzione e i fatti diventano intercambiabili; la narrazione e l'insegnamento sono, [come] suggerisce Zola, attività che si rafforzano a vicenda" (Counter, 2014). In altre parole, la narrativa è un riflesso di ciò che accade nel nostro mondo.

CAPITOLO 2

Esempi di alcuni catalizzatori dell'Unità

La creazione di un mito può portare all'unità dei popoli, come nel caso del vescovo gallese Geoffrey di Monmouth, che nel 1136 riuscì a completare la storia dei re della Britannia e affermò che Cadwallader, l'ultimo re dei Britanni, era legato a Bruto, il primo "re britannico", nipote di Enea di Troia. Questo mito riuscì a ridurre l'animosità che esisteva tra "Britanni, Anglosassoni e Normanni, riunendoli in un'unica nazione" (Cusack, 2001). In altre parole, il mito di Bruto, come afferma Cusack (2001), portò alla mobilitazione "delle persone intorno a una cultura comune per unificare i vari gruppi... e per identificare un'identità nazionale condivisa".

Un altro esempio dell'influenza del mito nel raggiungimento dell'unità è il mito dell'unità bantu, creato dall'élite equatoguineana per unire tutti i clan e le tribù a una cultura e a un'identità comuni e spiegare così il motivo della mancanza di democrazia in Guinea. Una delle credenze della cultura bantu è che la predestinazione domini il futuro e il presente delle persone, per cui, ad esempio, se si è destinati a diventare presidente, lo si diventerà e, per quanto gli altri tentino di cambiare il proprio status, non potranno farlo.

Anche la mitologia cinese potrebbe essere presentata come un esempio di catalizzatore di unità utilizzato in Cina per raggiungere questo obiettivo. Loewe (1994) ha affermato che l'uomo è situato tra il cielo e la terra ed è quindi influenzato dalla forza del destino. Ha anche presentato la prospettiva di unità del popolo cinese, affermando che il popolo cinese si considera superiore agli altri popoli per quanto riguarda l'intelletto. Credono nella mitologia basata sul passato e sull'età dell'oro in cui alcuni governanti hanno reso il popolo cinese felice, prospero e sicuro. Secondo Loewe (1994), i cinesi vedono l'universo come unito, in quanto credono di essere parte del tutto e di avere ruoli precisi da svolgere, in modo che "le loro vite e i loro affari formino un insieme organico che dovrebbe essere in armonia con le altre parti del cosmo".

Nel 220, quando gli imperatori cinesi Han abdicarono, si era instaurato un senso di unità in Cina, che si considerava un'unica entità politica e non credeva più nella molteplicità dei poteri divini, ma piuttosto nell'esistenza di un unico cielo. I cinesi credevano nel concetto di unità e che ci sono alcuni elementi che giocano un ruolo in questo concetto unitario, come la "pratica istituzionale o le relazioni sociali che erano già essenziali per qualsiasi tentativo di organizzare l'umanità sotto un'unica egida" (Loewe, 1994). I cinesi vorrebbero vedersi governare l'umanità, ma hanno difficoltà a raggiungere questo obiettivo.

I media possono essere un catalizzatore di unità e divisione. Nel primo caso, i media possono unire le persone accendendo il loro senso di nazionalismo, come nel caso dei giochi olimpici globali (Mihelj, 2008). Inoltre, i media possono causare divisione soprattutto quando trasmettono eventi traumatici. In altre parole, nei momenti di crisi, quando i media diventano un mezzo per reprimere il dissenso, la loro ripercussione è la divisione (Snyder, 1997). I media sono in grado di raggiungere questo obiettivo attraverso le loro scelte lessicali nel presentare le notizie. Ad esempio, come sostiene Mihelj (2008), gli individui possono essere descritti come "terroristi" da un media e "combattenti per la libertà" da un altro. Inoltre, gli eventi possono essere percepiti come "brutali aggressioni" in un contesto mediatico e come "legittimi atti di difesa" in un altro.

Un altro catalizzatore dell'unità è l'unità nazionale, che si crea, come afferma Rossbacher (1997), grazie alle radici intrecciate di etnia, classe, genere e geografia che sono alla base dell'identità nazionale. Anderson (1991) ha descritto le comunità nazionali come "elaborate costruzioni politiche e ideologiche, artefatti culturali creati da un'autocoscienza, a una grande varietà di terreni sociali, per fondersi ed essere fusi con una corrispondente ampia varietà di costellazioni politiche e culturali".

Il catalizzatore più importante che ci unisce è il fatto che siamo esseri umani e che possediamo facoltà intellettuali che ci rendono capaci di risolvere i problemi che ci affliggono in questo mondo. In altre parole, la nostra umanità ci unisce e questo dovrebbe essere inculcato nelle convinzioni dei bambini fin da piccoli attraverso la scuola, i genitori e la società, per garantire che crescano in una cultura di unità globale.

CAPITOLO 3

La divisione degli afroamericani e la cultura dell'unità

Le divisioni e le discriminazioni razziali hanno avuto un forte impatto negli Stati Uniti e le loro manifestazioni sono evidenti in tutti gli aspetti della vita. Du Bois (1989) ha sostenuto che un afroamericano vede sempre se stesso come lo vedono gli altri, e c'è sempre un senso di pietà e disprezzo da parte degli altri. Ciononostante, un afroamericano non "africanizzerà l'America" né "sbiancherà la sua anima negra in un'inondazione di americanismo bianco" (cit. in Terrill, 2009). Nonostante questa divisione, la cultura americana si basa sulla visione dell'intera nazione come un tutt'uno. Come sostiene Allen (2004), il tropo dell'unità rafforza il fatto che, per comprendere le differenze, le persone devono essere in grado di raggiungere e sostenere un "terreno comune". Se si concentrassero solo sulla loro divisione razziale, metterebbero a rischio la loro identità collettiva che dovrebbe essere omogenea per raggiungere l'unità.

Obama, il cui padre è nero e la madre bianca, ha dichiarato quanto segue:

Che abbiamo storie diverse, ma speranze comuni;

che possiamo non avere lo stesso aspetto e non provenire dallo stesso posto, ma vogliamo tutti muoverci nella stessa direzione verso un futuro migliore per i nostri figli e i nostri nipoti. (Terrill, 2009)

Obama, nel discorso sopra citato, cerca di chiarire le basi comuni che potrebbero unire gli americani, ossia migliorare il futuro dei loro figli e nipoti. Quello che Obama afferma non è solo ciò che vogliono gli americani, ma questo obiettivo è condiviso da tutti i genitori del mondo che hanno figli e nipoti, poiché desiderano sempre che abbiano una vita migliore della loro.

L'idea di essere uniti nonostante le differenze è stata discussa anche da Rowland e Jones (2007) quando hanno affermato che il popolo americano è simile e unito agli altri, ma separato da essi. In altre parole, sostengono che il

"Gli americani amano l'unità nonostante la diversità e hanno la convinzione che le sofferenze di uno sono le sofferenze di tutti". Se questa filosofia fosse stata adottata nel mondo arabo, dove ci sono persone che appartengono alla stessa razza, hanno le stesse caratteristiche e parlano la stessa lingua, si sarebbero potuti risparmiare i disastri che si sono verificati in Siria, Yemen, Iraq, Libia e Sudan. In tutti questi Paesi potrebbero godere dell'unità, se si concentrassero su ciò che li unisce e non sulle sette religiose che potrebbero dividerli.

Non solo c'è una divisione tra i bianchi americani e gli afroamericani neri, ma è nato un nuovo tipo di divisione di classe tra la classe media o borghesia nera e il sottoproletariato povero degli afroamericani. Questo è stato notato da Gates (1994), che ha subito la mobilità di classe essendo il figlio di un operaio che è riuscito a diventare un professore di ruolo della Ivy League. Egli ha affermato che le presentazioni televisive delle persone di colore le hanno fatte unire e superare tutti i confini delle divisioni di classe. Questo si può vedere nel fatto che tutti si divertono a guardare l'episodio di Amos e Andy in cui ci sono avvocati, infermieri e medici di colore. Gates (1994) ritiene che la visione di questi episodi da parte degli afroamericani abbia fatto sì che "le aspirazioni della classe media e l'appartenenza razziale apparissero come sinonimi". Murray (2010) ha ricordato che la classe borghese afroamericana, con la scusa di aiutare i fratelli afroamericani poveri della classe inferiore, ha imposto le proprie "nozioni di civiltà, decoro e autenticità culturale" agli afroamericani poveri della classe inferiore, che hanno portato a usurpare la loro autonomia politica. Si può dedurre che la divisione non deve avvenire solo tra persone appartenenti a religioni o razze diverse, poiché la mobilità sociale nel sistema capitalistico divide persone che possono appartenere alla stessa razza, ma la loro classe sociale le divide.

La divisione di classe degli afroamericani nel sistema capitalistico è stata ritratta nei romanzi afroamericani. Murray (2010) ritiene che una delle interpretazioni della

I romanzi afroamericani sono "un'occasione per anatomizzare il solipsismo della classe media e la sua contraddittoria ricerca di egemonia sui neri [poveri, sottoproletari]". Murray (2010) mostra questa divisione in due romanzi: *Sarah Phillips* di Lees (1984) e *Dreamer* di Johnson: *A Novel.* Nel primo romanzo Sarah desidera superare questa divisione in quanto appartiene alla classe borghese e desidera tornare alle sue origini afroamericane. Nel secondo romanzo Johnson mostra l'"intrattabilità" della divisione di classe e come Martin Luther King veda la figura di Smith che gli assomiglia come se fosse il suo "sosia" represso. Murray (2010) sostiene che Johnson nel suo romanzo *Dreamer* cerca di "risolvere le divisioni materiali e di classe tra [King e Smith]... producendo un racconto mistico del parlare in pubblico". Questo avviene quando King tiene un discorso e Smith sente che tutto ciò che viene detto è esattamente ciò che lui sente, quindi è come se King fosse la sua voce, il che mostra la tendenza a rompere questa divisione e che potrebbero essere uniti nonostante la divisione di classe tra loro.

Terrill(2009) afferma che ciò che divide principalmente l'America è la razza. Hepburn(2008), editorialista del Toronto Star, ricorda agli americani quanto segue:

> [Nel corso degli anni, molti negli Stati Uniti sono arrivati a credere che il loro Paese sia più integrato che mai, che i neri e le altre minoranze stiano diventando sempre più parte dell'America tradizionale. Ma gli Stati Uniti sono ancora una nazione in cui i neri e le altre minoranze sono in media più poveri dei bianchi, in cui i neri che lavorano guadagnano meno e hanno tassi di disoccupazione più alti dei bianchi.

Si può quindi notare che i neri e le minoranze sanno di essere diversi dai bianchi negli Stati Uniti e che questa differenza di colore può e ha portato in molte occasioni la polizia a fermarli e in alcuni casi a ucciderli. Tuttavia, il popolo americano è ancora unito e questa discriminazione razziale non ha compromesso la sicurezza del Paese, come nel caso di Siria, Iraq, Yemen e Sudan.

Secondo Tabishat (2012) le "forze sociali" in una società possono causare la sua unità e la sua divisione. Così, quando c'è un'ingiustizia sociale in una società, nasce un senso di dissidenza e alla fine i segmenti della società si rendono conto che avevano falsamente immaginato o supposto di essere uniti, mentre la realtà è che sono frammentati e divisi. Questo può portare a un confronto con chi detiene il potere. Si potrebbe dedurre che le forze di potere negli Stati Uniti sono abbastanza potenti da sedare qualsiasi rivolta contro la discriminazione razziale o che l'ingiustizia sociale non ha raggiunto un livello tale da indurre una rivoluzione o una guerra civile. L'unità è quindi, in alcuni casi e Paesi, ospitata e imposta alla società per mantenerne la sicurezza e la stabilità.

CAPITOLO 4

Unità e divisione a Belfast

I cittadini irlandesi si dividono in base alla loro appartenenza a due gruppi: cattolici o protestanti. I primi sono chiamati nazionalisti irlandesi che vogliono che l'Irlanda del Nord diventi parte del loro Stato, la Repubblica irlandese, mentre i secondi si identificano come unionisti britannici che vogliono che l'isola del Nord continui a essere britannica (McGarry e O'Leary, 1995). Per risolvere questa divisione basata sui "divari etnici a Belfast", come afferma Nagle (2013), si sono formati diversi movimenti sociali, come i Trasformisti, che ritengono che le persone debbano essere unite in termini di classe e che questo dovrebbe motivarle all'unità in quanto lavoratori che hanno gli stessi interessi. Un altro gruppo sociale che chiede l'unità delle città divise è quello dei Pluralisti, come afferma Nagle (2013), che chiede l'unità delle persone sulla base dell'accettazione delle loro differenze, soprattutto per quanto riguarda il genere e l'etnia. In altre parole, si battono per la coesione e l'integrazione della comunità invece che per la divisione. Un terzo movimento sociale si chiama Cosmopolitico e sostiene che le persone dovrebbero essere unite di fronte ai pericoli comuni che devono affrontare, come il riscaldamento globale, la guerra al terrorismo, le armi nucleari e i rischi finanziari globali. Questo dovrebbe essere più importante per la loro sopravvivenza rispetto alla divisione dovuta alle diverse etnie.

Questi movimenti sociali possono lavorare per la costruzione della pace in quanto alimentano un dibattito pubblico in cui i temi che riguardano tutti i gruppi possono essere "deliberati in modo da forgiare politiche condivise, e che fanno sì che i politici etno-nazionali accolgano identità non confinate ai loro ristretti collegi elettorali" (Nagle, 2013). Egli ritiene inoltre che l'uso improprio dello spazio e delle aree residenziali nelle città divise sia un problema, in quanto segrega le persone in base alle loro etnie. Questo problema potrebbe essere risolto anche attraverso i movimenti sociali, riorganizzando e pianificando lo spazio pubblico segregato in modo da

11

riflettere la politica della comunanza. Si può concludere che, per raggiungere l'unità, le persone devono concentrarsi su questioni che condividono, siano esse idee, fede, strategie, aspirazioni o lingua comuni. Infatti, se l'attenzione è rivolta alla divisione, prevalgono i conflitti e l'insicurezza che, in alcuni casi, possono portare a guerre civili e disordini.

CAPITOLO 5

Unità e divisione in Rowanda dopo il genocidio

La divisione etnica tra le tribù Hutu e Tutsi in Rowanda ha causato un genocidio catastrofico in cui sono state uccise "un milione di persone - principalmente la minoranza Tutsi presa di mira dalla maggioranza Hutu (Moss e Vollhardt, 2016). Il governo ha imposto una ricatogarizzazione sociale in cui le persone in Rowanda sostengono un'identità comune, come la nazionalità o qualsiasi altra appartenenza di gruppo condivisa, piuttosto che essere divise da diversi gruppi etnici. Questa viene definita "identità sovraordinata".

L'obiettivo del governo di Rowand è la stabilità del Paese ed è riuscito a consolidare "la pace attraverso il suo sforzo di promuovere l'unità e la riconciliazione" (Silva-Leander, 2008). Il governo chiarisce le ragioni per cui ha adottato questa politica come segue:

> La politica di ricategorizzazione unica è una pietra miliare della politica di unità e riconciliazione del governo autoritario. I leader ruandesi utilizzano tre argomenti principali per legittimare l'abbandono delle identità etniche a favore di un'unica identità ruandese: (1) le identità etniche sono illegittime ed estranee (cioè costruite dai colonizzatori); (2) possono essere manipolate e mobilitate politicamente; e (3) le identità sono socialmente costruite e possono essere abbandonate. (Moss, 2014)

La strategia del governo di Rawandan per porre fine alle divisioni consisteva nel sopprimere le identità etniche che "erano state esacerbate sia dai governanti coloniali che da quelli postcoloniali, in particolare rifiutando e denunciando... gli insegnamenti coloniali" (Silver-Leander, 2008). Inoltre, ha cambiato i nomi delle strade, dei quartieri e delle città principali che avevano una connotazione di gruppi etnici o di ex regimi.

Moss e Volhardt (2016) hanno condotto interviste semi-strutturate con cinquantasei partecipanti rolandesi e hanno utilizzato un'analisi tematica qualitativa di queste interviste per determinare la reazione dei partecipanti nei confronti di questa politica di ricatogarizzazione. I risultati hanno mostrato che la maggior parte dei partecipanti era d'accordo con questa nuova politica, in quanto riteneva che la divisione etnica fosse stata creata dai colonizzatori belgi e che vi fossero ragioni significative che rendevano la soppressione delle differenze essenziale per lo sviluppo economico e la stabilità. Alcuni partecipanti ritenevano che ci dovessero essere flessibilità e apertura e che questa unica identità potesse essere mantenuta come passo transitorio per consentire in seguito alle persone di discutere le loro differenze. Altri partecipanti hanno rifiutato questa identità unica perché ritenevano che in realtà esistessero differenze tra i diversi gruppi e che questi dovessero subire discriminazioni (Moss e Volhardt, 2016). Questi partecipanti hanno anche aggiunto che l'unità non può essere imposta alle persone. È importante notare che, a meno che la popolazione non sia convinta che l'unità in sé sia ciò che salverà il Paese dallo scoppio di futuri conflitti e genocidi, non sarà mai in grado di accettare l'identità "sovraordinata" di Rowand.

I partecipanti hanno discusso anche della divisione all'interno della società rowandese, le cui cause sono legate all'uguaglianza nel raccontare le sofferenze degli hutu moderati, anch'essi uccisi nel genocidio insieme ai tutsi. Inoltre, la discriminazione tra i gruppi etnici rolandesi, come affermato dai partecipanti, è stata percepita nell'istruzione, nella "distribuzione del potere politico" (Moss e Volhardt, 2016) e nel lavoro. Di conseguenza, per imporre un'unica identità sovraordinata rowandese, dovrebbe esserci uguaglianza tra i gruppi etnici per quanto riguarda il lavoro, l'istruzione, il potere politico e il riconoscimento delle sofferenze di tutti i gruppi etnici.

Se ne deduce che l'unità, per essere stabilita tra le persone, necessita di uguaglianza e considerazione dell'esistenza di differenze in una società (gruppi etnici) che possono essere discusse, ma senza discorsi pubblici di odio che incitano al conflitto e all'instabilità. In altre parole, un'identità Rowandan sovraordinata potrebbe essere una fase di transizione che porterà alla fine a un'identità duale che includerà la prima identità Rowandan principale e la seconda identità di gruppo etnico. Questo perché l'unità non può essere somministrata come una "siringa", in quanto si tratta di un processo che richiede tempo (Moss e

Volhardt, 2016). È interessante riflettere sul fatto che un'imposizione forzata dell'unità potrebbe essere fraintesa nel senso che è un travestimento per il favoritismo etnico se il governo non lascia spazio al dissenso politico che è parte integrante del sostegno all'uguaglianza, che a sua volta può portare al mantenimento dell'unità. Quando si aspira all'unità e alla stabilità di un Paese è quindi necessaria un'adeguata pianificazione e organizzazione a lungo termine.

La divisione causata dalla discriminazione e dalla disuguaglianza può portare alcune persone a vivere nella paura e nella minaccia a causa della loro appartenenza a un determinato gruppo etnico, di opinioni politiche diverse o di appartenenza a una certa religione. Un caso emblematico è quello del Nord America, in cui vengono studiate e valutate le reazioni interrelazionali. Plaut (2014) ha affermato la necessità di riconoscere le differenze razziali ed etniche, poiché ignorarle è dannoso, se l'obiettivo è creare ambienti inclusivi. In altre parole, per raggiungere l'unità, è necessario riconoscere e accettare le differenze, siano esse legate alla nostra etnia, razza o religione. Inoltre, per raggiungere il nostro obiettivo di essere uniti, è necessario rimanere uniti per coesistere con i nostri tratti umani fondamentali comuni, i valori, le credenze, la lingua, la nazionalità, gli interessi e la visione.

L'unità dovrebbe essere stabilita non solo in Rowanda, ma in tutta l'Africa. Caceres (2011) ha affermato che l'azione collettiva dei Paesi africani attraverso la "distribuzione del potere", il "consolidamento della sicurezza" e lo "sviluppo economico" può essere raggiunta acquisendo maggiore forza attraverso l'unità. Pertanto, l'Africa dovrebbe agire di concerto, cioè collaborare insieme "con un approccio coerente e coordinato, [che] può potenziare la sua posizione privilegiata e i suoi vantaggi comparativi per raggiungere l'ordine, la pace, la prosperità, la sicurezza e il benessere del suo popolo" (Caceres, 2011). Ciò significa che lo sviluppo economico, la distribuzione del potere e il consolidamento della sicurezza possono essere promossi collettivamente dagli Stati. Queste azioni collettive si basano sull'acquisizione di maggiore forza attraverso l'unità. L'Africa, se agisce di concerto, cioè con un approccio coerente e coordinato, può sfruttare la sua posizione privilegiata e i suoi vantaggi comparativi per ottenere ordine, pace, prosperità, sicurezza e benessere per la sua popolazione.

CAPITOLO 6

Unità e divisione a Timore Est

La Repubblica di Timor Est, divenuta indipendente dalla colonizzazione nel 2002, è un chiaro esempio dell'importanza dell'unità per raggiungere l'indipendenza e lo sviluppo. Situata in un'isola del Sud-Est asiatico, vicino all'Australia, e dopo anni di oppressione coloniale, la popolazione di Timor Est ha usato la letteratura come strumento per esprimere la propria opposizione alla colonizzazione e la propria richiesta di unità per raggiungere la libertà. Ciò è testimoniato da poesie e romanzi che sono stati scritti per illuminare il popolo timorese sul suo assoluto bisogno di unità, come si percepisce nella formazione di un fronte politico nel 1974 chiamato FRETILIN (Fronte Rivoluzionario) per una Timor Est indipendente, che chiedeva la necessità di unità per consentire al Paese di raggiungere l'indipendenza dalla colonizzazione straniera portoghese (Soares, 2009). Questo perché i colonizzatori hanno sempre cercato di creare divisioni tra le popolazioni per assicurarne la sottomissione e la soppressione.

Il fronte del FRETILIN non fu l'unico partito politico che si formò, poiché c'erano altri due partiti: l'Unione Democratica Timorese, che era favorevole alla formazione di una federazione con il Portogallo, e un altro partito chiamato Associazione Democratica Popolare Timorese, che voleva l'assimilazione con la vicina Indonesia (Lisson, 2008). Per quanto riguarda il sostegno della popolazione, esso è stato accordato al FRETILIN e all'Unione Democratica Timorese. Quando entrambi i partiti erano uniti, il Paese era stabile, finché le divisioni tra loro non sono esplose soprattutto con il fallito colpo di Stato organizzato dall'Unione Democratica Timorese nel 1975. Con questa vittoria, il FRETILIN fu incoraggiato a dichiarare l'indipendenza nel novembre 1975, il che portò all'invasione totale di Timor Est da parte dell'Indonesia, poiché si temeva un'infiltrazione comunista (Lisson, 2008). Vale la pena notare che i suddetti incidenti riflettono il fatto che la divisione è un fattore che indebolisce un Paese e lo rende

17

vulnerabile all'invasione e all'occupazione.

Le differenze e le divisioni esistenti tra il popolo timorese sono state paragonate ai ruscelli e la loro unità ai fiumi. Soares (2009) ha affermato che è stato creato un poema dell'unità per invocare l'unità e la sua traduzione è citata nelle frasi seguenti:

> I torrenti che convergono si trasformano in fiumi. I fiumi che si uniscono, quale forza può opporsi. Così i timoresi devono unirsi. Devono unirsi per opporsi al vento che soffia dal mare, e termina dichiarando: i torrenti convergenti si trasformano in fiumi Timorese uniti risolleviamo la nostra terra.

Vale la pena di notare che la poesia di cui sopra si basa principalmente sull'immaginario per raggiungere il suo popolo in modo che possa comprendere il percorso che deve intraprendere. I corsi d'acqua rappresentano la divisione che esiste tra loro per quanto riguarda la lingua e l'etnia. Inoltre, i fiumi incarnano la loro unità di fronte al nemico, che nel poema è il vento che soffia dal mare.

Un altro sonetto intitolato "Patria", anch'esso creato per indicare come sarà il Paese timorese dopo l'indipendenza, anche se questa comporterà la violenza, menziona anche l'unità come caratteristica di cui godrà il popolo timorese, come risulta dalla seguente traduzione:

> La Patria, dunque, è il sole che ha dato vita al forte legame tra le generazioni che si attraversano. La Patria... è una tomba... è un nuovo passo, dalla loro vita... Alla ... Indipendenza o morte! Culla di vita, di orgoglio, di unione di gioia, di amore, di sentimento, di passato e di eredità! Il suono di un proiettile Patria.(Soares, 2009)

Il sonetto si riferisce all'unità dei sentimenti di "orgoglio", "gioia" e "amore" che il popolo timorese condividerà quando godrà dell'indipendenza. Un altro tipo di unità che viene sottolineato nel sonetto è l'unità del "passato e dell'eredità" che dovrebbe sicuramente unirli di fronte ai colonizzatori. La storia di Timor Est è un esempio vivido dell'importanza dell'unità di fronte alla divisione per garantire la pace e l'indipendenza del popolo.

CAPITOLO 7

Unità e divisione in Malaysia viste attraverso *Green is the Colour* di Lloyd Fernando (1993)

L'unità in Malesia è vista come esistente solo se le barriere che alcune persone vogliono rimuovere, come la religione e la razza, vengono mantenute, perché solo così le persone rimarranno unite. Questo perché le persone possono essere unite, pur conservando la loro religione e la cultura della loro razza. La paura e l'odio, pur essendo sempre presenti in una certa misura in ogni società multiculturale, sono stati piuttosto gli effetti del "13 maggio", causato dai proprietari di "mani nascoste" che, non potendo accettare i risultati delle elezioni generali del 1969, incitarono alla violenza razziale come copertura per prendere il potere. Il numero di morti raggiunse le 2000 unità ed erano per lo più cinesi (Lim, 2010). La violenza razziale del "13 maggio" scoppiò dopo che i cinesi della Malesia avevano celebrato la loro vittoria alle elezioni generali con una parata.

Secondo Lim (2010), non è stata solo la divisione razziale a causare le violenze del 13 maggio da parte dei cinesi, ma anche i poteri nascosti e questo viene percepito come sostiene in *Green is the color*. In altre parole, se all'inizio il problema era come impedire alle etnie razzializzate di disunirsi e polarizzarsi, ora dovrebbe essere riformulato come i malesi possono unirsi attraverso le divisioni strutturali (razza, religione, classe e genere) per prevenire ulteriori divisioni e manipolazioni da parte delle élite politiche che parlano in nome della razza, della religione, del popolo e della nazione. In altre parole, ciò che si richiede ai malesi non è semplicemente amore e comprensione, ma, in modo più radicale, devono mettere in atto la perdita dell'unità.

Quayum (2007), scrivendo di *Green is the Colour*, si chiede quanto segue:
> Come può la Malesia, con la sua pluralità e molteplicità, trovare l'unità? Questa è la domanda che l'autore pone al centro del romanzo e la sua risposta, sia implicita che esplicita, è: attraverso la comprensione, l'amore, il rispetto

reciproco, l'integrazione naturale delle razze e, soprattutto, rifuggendo da visioni estremiste e ultraradicali, razziali e religiose, a favore di una visione dialogica che accolga visioni ampiamente diverse per promuovere la comunione e la pace. Le parole sopra citate danno qualità universali che possono raggiungere l'unità, ma il romanzo di Fernando Il *verde è il colore* espone la divisione che esiste a causa dell'esistenza di diverse etnie che includono malesi-musulmani, cinesi e indiani. .

In *Green is the Color*, Fernando (1993) ritrae diversi personaggi appartenenti a religioni diverse. Omar, che è un malese/musulmano, crede, come il resto dei musulmani malesi, di essere arrivato per primo in Malesia e che le altre etnie venute dopo di loro dovrebbero capire che i primi dovrebbero avere il controllo e il potere nelle loro mani. In altre parole, come ha osservato Lim (2010), alcuni dei personaggi del romanzo si sforzano cautamente di mantenere i loro "ideali liberali ed egualitari" sulla Malesia, mentre "altri, spinti dall'ideologia della supremazia malese-musulmana, cercano senza mezzi termini di mettere i non-malesi/musulmani, con le loro culture e idee infedeli, ai margini del potere".

È importante notare che la divisione etnica in Malesia, così come viene rappresentata nel romanzo di Fernando Il *verde è il colore*, è la ragione principale che ha portato alla perdita dell'unità e allo scoppio del sangue versato il 13 maggio 1969 e che i malesi stanno recuperando l'unità perduta di cui avevano goduto in passato. Sarah, la moglie di Omar, esprime con le seguenti parole la sua fede nell'unità e nell'"unione" del popolo malese, nonostante le differenze razziali, quando si trovava negli Stati Uniti e ha sentito parlare dello scoppio della violenza del "13 maggio":

[s]i è trovata a discutere con i suoi amici americani se i malesi stessero uccidendo cinesi e indiani o viceversa [...]. Aggiunse che, dopo tutto, stavamo costruendo un nuovo Paese, stavamo elaborando il nostro futuro e avremmo risolto i nostri problemi man mano che si sarebbero presentati. Sviluppò e si aggrappò all'uso del pronome personale plurale perché la tranquillizzava: suscitava sentimenti di patriottismo, di amore per i concittadini, fossero essi malesi, cinesi, indiani o

eurasiatici. Sapeva che in realtà non voleva sapere: aveva abbracciato uno
specioso sentimento di unione con le persone in astratto per nascondere il suo
disagio, per mascherare il suo desiderio semi-istintivo di non sapere. (Fernando,
1993)

Da questo passaggio si può dedurre che le aspirazioni all'unità di Sarah possono
rappresentare il desiderio del popolo malese, che dovrebbe superare le differenze
razziali e religiose e rendersi conto che la strada per il suo sviluppo passa attraverso
l'unità, che potrebbe essere raggiunta unendosi intorno alla sua comune umanità,
nazionalità e interessi.

CAPITOLO 8

La divisione del sé vista in *Adolphe* di Benjamin Constant (1818)

La divisione non avviene solo tra le persone, ma può verificarsi anche in una persona, quando ha un io diviso, come si può percepire nel romanzo *Adolphe* (1818) di Constant. Adolphe è visto come un personaggio che incolpa la società moderna post-rivoluzionaria di aver causato la sua rovina. Potrebbe essere paragonato a Rousseau nelle sue *Confessioni*. Tuttavia, Adolpe è un personaggio fittizio e Constant, secondo Landy (2009), cerca di dimostrare che è il suo carattere diviso a renderlo incapace di vedere la verità e a causare la sua rovina. Il mondo moderno, agli occhi di Constant e Adolphe, ha riempito gli esseri umani di dubbi su tutto, anche sull'emozione dell'amore. Adolphe qui non è né innamorato della sua ragazza Ellenore né non è innamorato. Non è in grado di farlo perché ha un io diviso.

Adolphe cerca di apparire peggiore di quello che è in realtà perché il desiderio di avere un'identità ha la precedenza sul tentativo di apparire virtuoso. Il suo carattere diviso è stato descritto da Landy (2009) come un'anima divisa che non riesce ad apparire unificata. È un narratore in conflitto con se stesso, poiché a volte appare appassionatamente coinvolto e in altri casi cinicamente distaccato. Landy (2009) sostiene che "invece di [Adolphe] portare i segni di una voce autoriale unificata, la narrazione tradisce una continua dicotomia di visione, distacco e contrizione che si alternano senza sosta con indulgenza e autogiustificazione".

L'effetto del linguaggio sull'unità, secondo Landy (2009), è che in alcuni casi potrebbe offrire "l'illusione di un'autostima unificata, la mera sensazione - nemmeno sostenibile, in questo mondo di finzione - di completezza". In altre parole, il desiderio di Adolphe di diventare un'anima unificata non è realizzabile e il linguaggio dovrebbe essere magico per unificare la frattura e la divisione che sente nella sua anima. D'altra parte, Mezciems (1977) non è d'accordo, affermando che il linguaggio è parte della struttura che dà unità, come ad esempio nel "Viaggio a Laputa" di Swift. Mezciems (1977) aggiunge che il linguaggio ha la capacità di trasmettere l'unità sotto forma di utopia.

Se ne deduce che il linguaggio è uno strumento che gli scrittori usano intenzionalmente per trasmettere il loro tema e che se l'obiettivo dello scrittore è quello di rappresentare l'unità, il linguaggio può essere usato per raggiungere questo scopo.

CAPITOLO 9

L'unità religiosa come si vede in *Santa Teresa* e *Sleeping with Strangers* (2010) di Bahaa Abdelmegid e in *Zia* Safiyya e il monastero (1996) di Bahaa Taher.

Il romanzo di Abdel Megid "*Santa Teresa* e il *sonno degli sconosciuti*" (2010) mostra l'unità tra musulmani e cristiani in un quartiere popolare del Cairo chiamato Shubra, attraverso le vite di due amiche d'infanzia, Budur e Sawsan, che erano vicine di casa. Il ritratto di questa unità è evocato attraverso diverse scene, come quando Budur legge la Bibbia "a portata d'orecchio della sua gentile vicina, ... che era solita sporgere la testa per ascoltarla, come se potesse capire ciò che veniva letto ad alta voce, e commentare: 'Ogni parola del nostro Signore è buona'" (Abdelmegid, 2010). Inoltre, quando Budur si sveglia al mattino, sente dalla casa di Sawsan "la voce di Shaykh Muhammed Refaat che intonava dolcemente eloquenti versetti del Sacro Corano" (Abdelmegid, 2010). Queste scene ritraggono il senso di tolleranza e unità reciproca tra musulmani e cristiani che vivono nello stesso quartiere e godono dell'amicizia reciproca al Cairo, in Egitto.

Un'altra scena del romanzo che presenta la curiosità che esiste nell'animo di musulmani e cristiani nei confronti delle rispettive religioni è quando Sawsan racconta che quando ha partecipato al matrimonio di Budur in chiesa, non era la prima volta che andava in chiesa, dato che da bambina era solita "sbirciare" in chiesa e scattare "bellissimi ritratti colorati della Vergine e del Bambino" e si chiedeva "Perché anche noi musulmani non abbiamo immagini?". (Abdelmegid, 2010). D'altra parte, Girgis, il marito di Budur, si reca da un fabbro per togliersi il segno della croce dal polso e, una volta tolto, sente che "era diventato un essere umano come tutti gli altri che incontrava, né più né meno" (Abdelmegid, 2010). Si può quindi dedurre che Abdelmegid stia mostrando come sia i cristiani che i musulmani non vogliano sentirsi diversi l'uno dall'altro, in quanto non vogliono avere un certo tatuaggio che li differenzi dalle altre persone che non sono cristiane e i musulmani vogliono avere immagini come i cristiani. In altre parole, le persone appartenenti a religioni diverse confrontano la loro religione con altre

24

religioni, desiderando essere simili in vari modi per sentirsi uniti.

Sawsan non è stata discreta riguardo ai suoi sentimenti di legame con Budur, quando dichiara che entrambi sono "come una sola persona. Tu sei parte di me - una parte della mia vita - e tuo marito Girgis è come un fratello" (Abdelmegid, 2010). Quando Budur ha fatto del sarcasmo sulla parola "fratello", Sawsan ha esclamato: "Da quando parliamo di religione - Islam di qua e Cristianesimo di là? Siamo sorelle. Il nostro Dio governa i nostri cuori: Lo giuro, non ho mai sentito che tu fossi in qualche modo diverso da me" (Abdelmegid, 2010). Si può notare che questo senso di unità che esiste tra musulmani e cristiani continua ad esistere perché il popolo egiziano appartiene alla stessa etnia e le differenze di religione non causano la loro divisione, poiché la loro nazionalità e umanità li unisce.

Passando a *Zia Safiyya e il monastero* (1996) di Bahaa Taher, l'unità religiosa è percepita in modo netto nella trama, nel tema e nel narratore del romanzo. A partire dalla trama del romanzo, che ruota attorno a un giovane musulmano di nome Harbi che riceve rifugio in un monastero cristiano quando la vedova di un uomo che ha ucciso per autodifesa chiede vendetta. Il romanzo è ambientato in un villaggio dell'Alto Egitto dove musulmani e cristiani hanno vissuto pacificamente per secoli. Per quanto riguarda il tema del romanzo, esso mostra l'unità religiosa che prevale sui rituali di faida, un rituale che prevale in alcuni villaggi egiziani. Per quanto riguarda il narratore, nel corso del romanzo viviamo con lui i suoi ricordi d'infanzia fino all'età adulta, con diversi esempi nel romanzo dello stretto rapporto di unione che lega musulmani e cristiani. La scelta di Taher della prima persona singolare come mezzo di narrazione rende il lettore vicino ai suoi sentimenti e pensieri interiori.

Il romanzo, sia all'inizio che alla fine, dipinge questo quadro di unità tra musulmani e cristiani. All'inizio del romanzo, nel secondo paragrafo, il narratore afferma: "I monaci ci davano, in stagione, datteri zuccherati di una varietà nota per i suoi piccoli noccioli, non prodotti da nessuna delle palme da dattero del nostro villaggio, ma solo da quelle che si trovavano nella fattoria del monastero" (Taher, 1996). Il narratore, che allora era un ragazzo, si recava con il padre al monastero ogni domenica delle Palme e il 7th di gennaio per offrire i saluti ai monaci. Inoltre, sua madre, in occasione della festa minore dopo il Ramadan, preparava sempre "la scatola del monastero" in cui metteva i biscotti zuccherati e la ghurayyiba come regalo ogni anno. Alla fine del romanzo, le ultime frasi con cui il narratore si interroga sono le seguenti:

> E mi chiedo: c'è ancora un bambino che porta i biscotti al monastero in una scatola di cartone bianca?
> E mi chiedo: i monaci danno ancora ai loro vicini quei datteri piccoli e zuccherati?
> Mi chiedo ...
> Ogni volta mi chiedo... .(Taher, 1996)

Le domande di cui sopra potrebbero essere retoriche, in quanto il lettore può facilmente supporre che la risposta sia decisamente affermativa, dal momento che musulmani e cristiani in Egitto hanno vissuto per lo più in unità e pace, in un'atmosfera di tolleranza e buona volontà.

Il tema di *Zia Safiyya e il monastero* (1996) di Taher che viene trasmesso al lettore, secondo la traduttrice del romanzo Romaine (1995), è che il nemico dell'Egitto non risiede nel suo popolo, sia esso musulmano o cristiano, ma in ciò che divide l'Egitto contro se stesso come "a un livello più microcosmico, una pratica distruttiva [fuffa] che mette fratello contro fratello in un piccolo villaggio egiziano". Il narratore, verso la fine del romanzo, afferma di amare i miqaddi Bishai, dimostrando come l'amore e la tolleranza esistano tra musulmani e cristiani, come si evince dal romanzo di Taher *Zia Safiyya e il monastero* (1996) e da *Santa Teresa* e *Dormire con gli sconosciuti* (2010).

CAPITOLO 10

Unità e divisione in *Un viaggio alla fine del millennio* di A. B. Yehoshua (1993)

L'idea della diversità culturale e dell'unità nazionale si percepisce chiaramente in *Un viaggio alla fine del millennio* (1993) di A. B. Yhoshua. Per rivelarlo, è necessario innanzitutto elencare gli elementi dell'unità nazionale, che possono includere la lingua, il territorio, i rituali e le tradizioni. Il romanzo richiama l'attenzione sulla diversità dei rituali tra gli ebrei del sud e quelli del nord. L'azione del romanzo ruota attorno a un ricco ebreo del sud, proveniente dal Nord Africa, di nome Benn Attar, che ha una partnership commerciale con suo nipote Obulafia, sposato con un'ebrea del nord, Esther-Minna. Questa partnership rappresenta il desiderio di unità ebraica tra il nord e il sud. Il conflitto si crea quando Esther-Minna si rende conto che lo zio del marito ha due mogli e che lui, come il resto degli ebrei del sud, è a favore della poligamia. La donna è furiosa e chiede al marito di sciogliere la sua unione con lo zio e il marito accetta. Ben Attar è indignato, prende le sue due mogli e va in tribunale a intentare una causa contro Esther-Minna e le chiede di partecipare a un processo pubblico in cui difende la poligamia e sfida la sua avversione ad essa. Esther-Minna era preoccupata che il marito imitasse lo zio e avesse anche lui due mogli e che lei dovesse affrontare questa situazione di sottomissione e disumanità.

Questa divisione tra ebrei del sud e del nord è evidente nelle parole di Morhag (1999):

> Gli ebrei medievali del sud non hanno alcun senso di deprivazione sociale o di discriminazione etnica. Al contrario, sono sicuri della superiorità della loro cultura materiale e sociale rispetto a quella degli ebrei del nord. Ed è con non poco disgusto che salpano dalla loro città civilizzata di Tangeri per raggiungere la piccola e lontana Parigi, che considerano un luogo remoto e barbaro.

Nonostante Ben Attar voglia ripristinare il rapporto di collaborazione con il nipote ebreo del sud, egli aspira ancora a convincere l'ebrea del nord Esther-Minna dei vantaggi della poligamia e di come essa rafforzi l'amore maschile e dimostri che un uomo è capace di amare due mogli. Tuttavia, Esther-Minna ritiene che avere due mogli sia un atto disumano, degradante e avvilente che causa un dolore estremo a entrambe le mogli. La seconda moglie di Ben Attar, che si è suicidata, dimostra che non era soddisfatta della sua condizione. Questa morte risolve il problema di Ben Attar, che decide di tenere la prima moglie e di ripristinare così la sua relazione con il nipote.

È importante notare che l'attenzione si concentra sulle nozioni che aiutano a unire le persone che hanno diversità culturali o rituali. In questo romanzo è evidente che ciò che aiuta a unire le comunità è l'atto di tolleranza verso la diversità. In *Un viaggio alla fine del millennio* Yehoshu non cerca di dimostrare il successo di una parte (gli ebrei del nord) sull'altra (gli ebrei del sud), ma che ciò che unisce persone che appartengono a culture e riti diversi (Hartman, 1997) è la loro comune eredità umana e i loro ideali. In altre parole, "ponendo l'umanità compassionevole e la dignità reciproca come primi principi dell'amore, Esther-Minna offre un'alternativa umana al codice oppressivo delle relazioni coniugali [la poligamia] che Ben Attar si sforza di sostenere" (Morhag, 1999). L'autrice ritiene che la poligamia comprometta l'umanità delle donne e i loro diritti di uguaglianza. Hartman (1997) ha affermato che gli ideali umani condivisi sono un fondamento significativo dell'unità nazionale realizzabile perché "proclamano l'uguaglianza e preservano la dignità di ogni membro della comunità nazionale". Un punto critico fondamentale da aggiungere in questo frangente è il fatto che ciò che unisce il popolo ebraico nel romanzo *Viaggio al termine del millennio* potrebbe essere applicato a qualsiasi nazionalità, poiché la nostra umanità ci unisce e supera tutti i confini trascendendo le divisioni che possono esistere sotto forma di lingua, tradizioni, cultura, rituali ed etnie.

CAPITOLO 11

Memorie di un egiziano liberato: Saltare fuori dal cerchio!

Nagwa A. Soliman

Era buio e poco illuminato, ma nuotare all'interno era confortevole e divertente. Mi sento come se mi muovessi senza volerlo. Farsi strada in questo cerchio chiuso in cui mi trovavo era il modo più naturale per sopravvivere. Era come vivere in un mondo "per sempre felici e contenti", dove tutto ciò di cui si ha bisogno si realizza. Per quanto tempo una situazione può rimanere eterna? Dobbiamo affrontare il cambiamento e adattarci. Sento che il cerchio confortevole in cui mi trovo si irrigidisce e sto per essere spinto fuori dalla zona di comfort. Cosa ci si aspetta fuori e perché succede? Sembra che non finisca mai. C'è una fonte superiore e potente che ora comanda. Mi scaricherà dal mio mondo dei sogni. Sento che non sono più il benvenuto in questo ambiente e che deve avvenire un cambiamento.

Sono volato fuori nel mondo dei misteri e delle perplessità. Intorno a me ci sono dei suoni, ma non riesco a vedere bene. "Guarda com'è carino", disse una voce vicina. Ho avuto un sussulto e mi sono reso conto che non stavo più nuotando. Ho sentito il calore di una pelle tenera che mi schiacciava. Volevo succhiare, ma non ci riuscivo. Ho urlato e pianto per farmi sentire e mi sono resa conto che ora succhiare non è più facile come prima. Finalmente riuscii a succhiare il liquido caldo e nutriente che trapuntava la mia fame. Questo nuovo mondo in cui sono stata costretta a uscire è totalmente diverso da quello a cui ero abituata. Il precedente era buio, ma qui sento che a volte è pieno di luce e altre volte è completamente buio. Nel mio primo mondo tutto era facile, cibo, calore e sicurezza. Qui, a meno che non sia abbracciata a qualcuno, mi sento insicura, fredda, affamata e a disagio.

Perché una persona inizia la sua vita nell'utero buio di sua madre e finisce nella tomba fioca sotto la terra nera? È un cerchio o un ciclo che dobbiamo attraversare. È una domanda che non ha risposta. È ciò che accade a tutti gli esseri umani. Questo cerchio non è evidente solo nella nascita e nella morte di una persona, ma può essere osservato in natura. Abbiamo il ciclo del giorno e della notte; estate, autunno, inverno, primavera e di nuovo estate. Abbiamo il ciclo della terra stessa che gira in tondo e intorno al sole. Anche se siamo stati creati dall'essere inesistenti, alla fine diventiamo inesistenti dopo la morte. I fiori sono lì per un po' e poi muoiono e scompaiono. Ogni cosa viva intorno a noi attraversa questo ciclo. Poiché questo cerchio è ovunque intorno a noi, quando cerchiamo di uscirne perdiamo l'equilibrio e possiamo cadere. Se proviamo a girare in cerchio senza sosta, solo pochi di noi possono tollerare questa azione e non crollare a terra.

Crescendo in Egitto non siamo circondati da cerchi come quelli che vediamo in natura e negli esseri viventi, ma da una serie di regole sancite dalla nostra religione, cultura e tradizioni. Impariamo dai nostri genitori, nonni e anziani che questo è il modo in cui vengono affrontate le questioni. Dobbiamo pregare, obbedire, studiare, sposarci e non mettere in discussione, pensare, contestare, valutare o ribellarci. Queste caratteristiche sono radicate nella maggior parte degli egiziani, indipendentemente dalla classe di appartenenza. È anche legato al cerchio, perché i nonni li trasmettono ai genitori e questi li insegnano ai loro figli, e questo va avanti per sempre. Non si tratta di una scatola da cui uscire, ma di un circolo in cui fluire se si vuole sopravvivere in questo mondo.

Essendo cresciuti in un ambiente in cui eravamo solo ricettori passivi di ciò che ci veniva detto essere vero e di ciò che ci veniva fatto credere fossero i nostri doveri, tendevamo a svolgere le attività quotidiane in un ciclo o circolo senza fine. È l'impegno in questo ciclo che fa sì che una persona smetta di pensare di saltarne fuori. Il popolo egiziano svolgeva il suo lavoro quotidiano senza mai credere che avrebbe assistito a un giorno in cui il presidente del suo Paese sarebbe stato rovesciato dal suo stesso popolo.

Gli egiziani non hanno mai immaginato di possedere un tale potere quando sono uniti come una nazione.

La voce della rivoluzione ronzava nell'aria e in ogni casa. Tutti i giovani comunicavano tramite Facebook e altri social network e sapevano del giorno della rivoluzione. I genitori pensavano solo che sarebbe stato schiacciato come l'anno scorso, nell'aprile 2010. Non hanno mai pensato che si trattava di una cosa vera, che i giovani del Paese hanno finalmente capito che possono unirsi e seguire le orme dei tunisini nel loro cammino verso la libertà. Questa uscita dal ciclo di oppressione, paura e abusi non sarebbe mai stata possibile senza la Demo tunisina. Non si trattava di un film o di un romanzo, ma di un evento reale e vivo, in cui i tunisini sono riusciti, grazie all'unità e alla determinazione, a costringere il loro presidente a dimettersi. Attraverso i media e il satellite, il popolo egiziano ha potuto imparare una lezione dal popolo tunisino che ha cambiato la storia del suo Paese. Agli egiziani è bastato guardare la TV o YouTube per conoscere la verità. Non si fidavano più della loro TV di Stato, che era come una falsa illusione che nascondeva loro i veri avvenimenti del loro Paese. Questo falso spettacolo non poteva continuare, perché bisognava porre fine a tutta la corruzione che si stava verificando e che continuava da trent'anni. I giovani coraggiosi sono scesi in piazza Tahrir e sono rimasti lì per 18 giorni al freddo. Hanno persino affrontato i teppisti e i poliziotti che li hanno attaccati con munizioni vere e hanno ucciso 350 di loro. Questo non li ha fermati dal continuare e sostenere la loro causa fino a raggiungere il loro obiettivo principale, ovvero costringere il presidente a dimettersi usando l'unità e scartando la divisione.

Mi sono svegliata e ho capito che stavo sognando. Mia madre voleva che andassi a scuola come al solito, ma io non mi sentivo bene. Dovevo alzarmi e partecipare al ciclo quotidiano che tutti gli studenti vivono. La mia scuola era vicina a dove abitavo e mi piaceva andare a scuola a piedi. La sfida di essere il migliore e il primo della classe era radicata dentro di me e sapevo che essere il primo era il mio obiettivo principale. Sognavo il giorno in cui sarei diventata famosa e la mia foto sarebbe stata pubblicata sul giornale per dire che ero la prima e la migliore studentessa del mio Paese. Questo obiettivo mi spingeva ad andare avanti e mi dava lo stimolo per continuare la scuola e poi l'università. La mamma ci ha cresciuti all'insegna dell'obbedienza immediata, senza spazio per domande o ribellioni. Io mi adeguavo, mentre mia sorella Fadia si opponeva sempre.

Viaggiare in molti Paesi non è stato un problema. Londra è stato il nostro primo luogo. Il sole lì non splendeva quasi mai e quando lo faceva, mia madre ci portava al parco. Giocavamo con il pupazzo di neve e facevamo palle di neve. A volte mamma e papà ci chiudevano a chiave e uscivano. Eravamo quattro sorelle insieme e non ci dispiaceva, tranne che a volte chiudevano a chiave il bagno, cosa che mi metteva a disagio. Giocavamo insieme a casa. Ognuna di noi aveva una bambola. Il mio sogno era avere una bambola parlante, che oggi è una cosa normale. Quando ero bambina la casa dei miei sogni era un obiettivo o una meta che volevo raggiungere. Ancora oggi non ho raggiunto il mio primo obiettivo infantile.

"Svegliati Noura, svegliati. Cosa c'è che non va?". Mi svegliai di colpo e mi ritrovai in una bella camera da letto con la luce del sole che entrava dalle finestre. Guardai la persona che mi aveva svegliato e capii che era Tania, la mia dolce serva che era stata così gentile da svegliarmi visto che avevo dormito troppo. Mi preparò il bagno, feci una doccia e scesi a fare colazione. Chiesi a Tania di portarmi la colazione in giardino. Lì mi sedetti e cominciai a contemplare l'incubo che avevo vissuto la notte scorsa. Ero in un paese dove tutto era disordinato. Le persone intorno a me avevano paura di parlare o di esprimere le loro opinioni. Non avevano quasi nulla da mangiare e non potevano comprare vestiti nuovi. Si affidavano a ciò che i ricchi a volte davano loro.

Lì in lontananza correvano folle di persone che chiedevano la libertà perduta, stipendi umani e la fine dell'oppressione. Venivano sparati proiettili, uomini e donne urlavano. Più tardi pregavano e chiedevano a Dio di aiutarli a vincere. La vittoria è arrivata alla fine, quando il sole è tornato a splendere e un coraggioso eroe ha rischiato la vita per salvare il suo Paese dall'annegamento in un tunnel buio di oppressione, ipocrisia e fascismo in nome della religione. Sono scesi i coraggiosi soldati dell'esercito con i loro carri armati nelle strade per agire come scudi e ali che proteggeranno l'intera nazione dagli artigli delle aquile del male che avevano invaso il nostro Paese.

Che sollievo ho provato quando il mio Paese è stato restaurato e la pace era nell'aria. Come ci siamo sentiti tutti quando siamo scesi in piazza a sostegno del nostro salvatore, che ha avuto il coraggio di affrontare il nostro nemico e avrebbe potuto subire la pena di morte, ma la paura non era nel suo animo, poiché aveva una causa più grande, ovvero l'amore che gli pulsava nelle vene verso il suo Paese e il suo popolo. Non abbiamo mai visto un tale coraggio, dignità e determinazione a procedere verso la prosperità, la sicurezza e la libertà. In effetti, la libertà non è mai facile da raggiungere, ma quando la si tocca, si sente che vale tutto quello che si è passato.

Finalmente sono riuscita a saltare fuori dal cerchio verso la luce della libertà che mi chiamava fuori dal cerchio eterno che ci schiacciava dall'umanità in un mondo in cui la sopravvivenza era per il più forte. Il mio nome Noura, che deriva dalla parola araba "luce", mi ha spinto a uscire dal cerchio che si ripete quotidianamente. Questo non-cerchio è il luogo in cui vediamo il mondo fermarsi e non ci muoviamo più con la terra in un movimento continuo che gradualmente elimina le nostre capacità di percezione e comprensione. Tutti noi abbiamo bisogno di questo momento di isolamento, divisione e confessione, quando ci rendiamo conto di ciò che abbiamo commesso in nome della religione nei confronti dei nostri simili. Siamo stati creati per guardarci intorno e pensare a un modo per rendere questo mondo un posto migliore. Non è mai stato concepito come una guerra di interessi e una lotta per guadagni materialistici. Non ci svilupperemo mai se non diffonderemo unità, amore e libertà. Uscire da questo circolo è la nostra unica speranza di sopravvivenza. Non ci dividerà né ci isolerà dal resto del mondo, perché saremo in grado di pensare, innovare e creare al nostro ritmo, pur restando uniti al resto della gente.

CAPITOLO 12

Unitonia: Un sogno o una realtà!

Nagwa A. Soliman

Nadia faticava ad andare avanti, nonostante il caldo e le strade non asfaltate. Intorno a lei l'arido deserto la guardava da diverse angolazioni, come se le chiedesse perdono per la sua incapacità di fornirle nutrimento. Aveva ancora provviste sufficienti per due giorni, ma la sua preoccupazione era quando sarebbe riuscita a raggiungere Unitonia. Era in sella alla sua auto solare e, secondo la mappa, non era così lontana dalla terra dei suoi sogni.

Una settimana fa aveva incontrato per caso una giovane donna che sembrava tranquilla e serena. Non aveva nulla a che vedere con la folla frenetica che la circondava. "Devo parlare con questa signora, perché sembra smarrita", pensò e non appena quel pensiero le passò per la testa, la signora le si avvicinò e le chiese dove si trovasse. Nadia, fortunatamente, era in vacanza ed era disposta ad aiutarla. La signora si presentò come Emma e aggiunse che era arrivata da un altro Paese, Unitonia, e che desiderava alloggiare in un luogo che accettasse beni in cambio del soggiorno anziché denaro. Emma spiegò che a Unitonia non si usa il denaro, perché tutto è organizzato attraverso lo scambio di merci.

Nadia pensò inizialmente che Emma fosse instabile o che stesse sognando, ma quando continuò ad ascoltare la sua storia, credette che stesse dicendo la verità. Nadia si offrì di ospitarla nella sua stanza a casa dei genitori e di darle in cambio i beni dell'Unitone che aveva portato con sé. Ciò che spinse Nadia a farlo fu la sincerità che traspariva dal volto e dagli occhi di Emma.

Quando arrivarono a casa di Nadia, i suoi genitori in un primo momento non accettarono l'idea, poiché non avevano mai visto Emma prima e non si rendevano conto di come Nadia potesse fidarsi di lei quando si erano appena conosciuti. Su insistenza di Nadia, alla fine accettarono di farla rimanere solo per una settimana. Questo era il tempo di cui Emma aveva bisogno per raggiungere il suo obiettivo: farsi conoscere in questo strano Paese. Emma ha fatto molta strada lasciando il suo Paese per conoscere altri Paesi diversi dal suo e che utilizzano ancora il denaro. Voleva osservare la vita quotidiana della gente osservando le faccende quotidiane di Nadia.

Nadia aveva finito l'università e lavorava in un'azienda come contabile e impiegata a tempo pieno con un normale lavoro dalle 9 alle 17. Doveva lavorare per aiutare i genitori a pagare il mutuo della casa e il resto delle bollette, tenendo una parte dello stipendio per sé. Doveva lavorare per aiutare i genitori a pagare il mutuo della casa e il resto delle bollette, tenendo per sé una parte dello stipendio. I suoi genitori avevano gli stessi orari e questo comportava un sistema per quanto riguardava l'ora di andare a letto, la socializzazione e lo stile di vita.

Per Emma questo è stato piuttosto scioccante, perché in Unitonia a ognuno è permesso di creare il proprio stile di vita, purché alla fine della giornata sia in grado di produrre ciò che è stato concordato. Il sistema del Paese si basava su diversi settori in cui le persone erano libere di entrare a far parte di quello in cui ritenevano di poter eccellere. Per esempio, chi è interessato alla coltivazione di piante può entrare nel gruppo dell'agricoltura e chi è interessato alla produzione può entrare a far parte di quel gruppo, ma questo deve avvenire in base alle esigenze del proprio Paese Unitonia. Alla fine di ogni giornata, alcune persone sono delegate a scambiare i prodotti di ciascun gruppo con gli altri gruppi: è così che sopravvivono uniti come esseri umani che non sono controllati dalla quantità di denaro che guadagnano. Tutte le persone sono uguali, poiché ogni gruppo lavora per la sopravvivenza degli altri gruppi e il commercio dei loro prodotti soddisfa i loro bisogni finché sono uniti, il che è stato il segreto della scelta del nome del loro Paese, Unitonia.

Emma è cresciuta in questo ambiente e pensava che tutto il mondo vivesse nello stesso modo. Un giorno, quando ha sentito dire da un estraneo che ci sono altri Paesi che usano il denaro al posto del commercio, si è sentita in dovere di recarsi in uno di questi Paesi per sperimentare un altro tipo di vita in cui le persone lavorano per il denaro e non possono fare nulla senza di esso. Suggerì a Nadia di scambiarsi le vite per vedere quale sarebbe stata quella più adatta a loro attraverso un'esperienza reale. Si misero d'accordo per inventare una storia falsa ai genitori di Nadia, dicendo che lei sarebbe andata in gita di lavoro e che Emma avrebbe dovuto lavorare nello stesso paese come supplente. Questo è stato possibile perché in Unitonia tutti ricevono un'istruzione di base che li rende idonei a svolgere diverse professioni ed Emma aveva lavorato come contabile in Unitonia, quindi aveva già esperienza in quel lavoro.

Il giorno della partenza, Nadia si è assicurata che Emma non rivelasse la notizia ai suoi genitori se non dopo aver intrapreso il viaggio. Nadia ha saputo da Emma che per raggiungere Unitonia deve andare in macchina, perché non ci sono aeroporti per gli spostamenti in aereo. Emma ha fornito a Nadia una mappa con la strada da percorrere per raggiungere la sua destinazione.

Nadia era in viaggio da due giorni e si era fermata a mangiare in una caffetteria lungo la strada. Una volta entrata, vide un giovane uomo con sua figlia che chiacchieravano insieme. Lei era seduta a un tavolo vicino e non poté fare a meno di ascoltare la loro conversazione. Con sua grande sorpresa, anche loro erano diretti a Unitonia. Si avvicinò a loro e disse che stava andando nello stesso paese e che avrebbe apprezzato il loro aiuto. Il giovane sembrava disposto ad aiutarla. "Non c'è alcun problema. Mi chiamo Fred e questa è mia figlia Salwa. Piacere di conoscervi", disse con un tono allegro e amichevole. Nadia gli chiese quali fossero le ragioni che lo spingevano a correre il rischio e a viaggiare in questo nuovo mondo, dove la gente non usa più il denaro ma il commercio. "Lo stesso motivo per cui credo che tu abbia preso questa decisione. Perché dovrei essere costretta a muovermi nell'illusione continua che il Paese in cui viviamo sia un luogo unito e piacevole, quando il denaro ci manipola tutti?". Nadia risponde seccamente: "Come hai fatto a indovinare le mie intenzioni? Si vede sul mio viso?". "Assolutamente", rispose lui.

Fred le raccontò di come sua moglie avesse abbandonato lui e la loro figlia Salwa, di 6 anni, senza un motivo apparente se non quello di non riuscire a sopportare il sistema quotidiano che la schiavizza con tutte le responsabilità che deve affrontare dentro e fuori casa. Hanno deciso di divorziare e quando lui ha sentito parlare di questo nuovo Paese, Unitonia, ha deciso di lasciare il suo lavoro e di partire per questo nuovo eccitante posto. Fred e Nadia decidono di viaggiare insieme, visto che sono diretti nello stesso Paese. Lui la precederà e lei lo seguirà. Decisero anche di fermarsi al prossimo motel per mangiare e riposare per la notte.

Cinque ore dopo, apparve un piccolo motel e Fred e Nadia si fermarono e si registrarono per un giorno per riposare fino all'indomani e per avere un pasto caldo che li nutrisse, dato che Salwa stava morendo di fame ed era molto irritabile. Mentre stavano mangiando al ristorante, due giovani uomini stavano parlando ad alta voce ed essi ascoltarono la loro conversazione sulla nuova vita che non vedevano l'ora di trascorrere a Unitonia, dove avrebbero potuto godere della libertà, della pace mentale e della vera unità con gli esseri umani che non sono più sotto l'incantesimo del denaro e degli interessi materiali.

Fred, Nadia e Salwa si sono spontaneamente uniti a loro annunciando che anche loro erano diretti a Unitonia. I due giovani Ahmed e Ali li hanno accolti e hanno raccontato la loro precedente vita intollerabile da cui stavano scappando. "Ora sento di essere diventato un vero essere umano in grado di controllare la mia vita e il mio tempo. Sono in grado di pensare, contemplare e prendere decisioni valide, cosa che nella mia vita precedente era impossibile", ha detto Ahmed. Ali ha aggiunto: "Non riesco a immaginare come ho fatto a sopravvivere a tutta quella monotonia, miseria e stress". Ahmed era un agricoltore e Ali un ingegnere e Fred non aveva ancora parlato a Nadia della sua professione, ma quando Ahmed e Ali hanno parlato dei loro lavori ha detto: "Mi piacerebbe continuare a fare il medico quando arriverò a Unitonia, ma non nelle stesse condizioni". "Mi piacerebbe immergermi nel mondo del commercio e dimenticare il denaro e il suo incantesimo distruttivo", aggiunse.

Così il giorno successivo Fred, Nadia, Salwa, Ahmed e Ali viaggiarono tutti insieme verso Unitonia, che distava ancora quattro giorni secondo la mappa che stavano seguendo. Di nuovo la stessa coincidenza si ripeté in un altro motel sulla strada per Unitonia, ma questa volta incontrarono due giovani donne e una di loro, con grande sorpresa di Nadia, era Emma. "Emma! Cosa ci fai qui? Dovevi sostituirmi al lavoro e stare con i miei genitori fino al mio ritorno". Esclamò Nadia. "Non potevo sopportare questo tipo di vita materialista che non ha anima né sentimenti. Era diventata così rigida che sentivo che sarei crollata. Ho incontrato una mia amica, Susan, che fa la panettiera, e abbiamo deciso di tornare a Unitonia". Emma rispose.

Così il gruppo, composto da Emma, Nadia, Fred, Salwa, Ahmed, Ali e Susan, si mise in viaggio insieme, con Emma in testa, dato che apparteneva a Unitonia e conosceva la strada. Mentre stavano guidando uno dopo l'altro, un terribile tornado li colpì all'improvviso e le loro auto iniziarono a tremare e a girarsi rapidamente, perdendo il controllo. Emma è riuscita a uscire dall'auto e a salvare il resto del gruppo. Fortunatamente si sono ritrovati nei pressi di un motel vicino, dove hanno trascorso la notte senza sapere come avrebbero potuto trovare un mezzo di trasporto per raggiungere Unitonia.

Emma si è svegliata presto il giorno dopo, ha fatto alcune telefonate e si è incontrata con il resto del gruppo al ristorante, dicendo loro che c'era qualcosa di veramente importante che doveva dire loro. Erano molto preoccupati per le loro condizioni e si incontrarono con Emma nel salone. Emma disse: "Vorrei fare una confessione che vi sembrerà strana, ma è la verità. Io non sono umana, perché appartengo a un altro pianeta e sono venuta a visitare il pianeta Terra per invitarvi a venire a vivere con me a Unitonia; esiste davvero, ma non qui". Nadia chiese: "Perché ci hai nascosto questo fatto per tutto questo tempo e perché pensi che ti crederemo?". Emma rispose: "Ho dovuto farlo per convincervi a venire con me e ve l'avrei detto comunque perché non possiamo raggiungerla senza prendere una speciale nave spaziale che dovrebbe arrivare oggi".

All'inizio tutti erano titubanti e non le credevano, perché aveva un aspetto così umano e non c'erano segni che potessero identificarla come aliena. Tuttavia, quando nel giro di un paio d'ore Emma disse loro che avrebbe mostrato loro l'astronave pronta a portarli a Unitonia, tutti capirono che non stava mentendo. Sapevano di non avere altra scelta se non quella di accettare di accompagnare Emma a Unitonia, dove tutti sono uniti e vivono insieme in pace e armonia; inoltre, non c'è spazio né tempo per guerre o conflitti tra persone che si godono principalmente la loro umanità.

Nel giro di un paio d'ore, l'intero gruppo guidato da Emma, dopo che il tornado si era calmato, camminò per mezz'ora dopo aver lasciato il motel e, con grande stupore, c'era la navicella spaziale che li aspettava in mezzo al deserto. Si trattava di un'astronave metallica con finestre a forma di quadrato che la circondavano da tutte le direzioni. Gli alieni erano in piedi accanto alle finestre e li osservavano mentre si avvicinavano alla porta. Nadia, che teneva per mano Salwa, era molto ansiosa, perché sapeva che una volta lasciata la Terra non sarebbe più potuta tornare ed era preoccupata per i sentimenti dei suoi genitori. Tuttavia, si rendeva conto di aver preso la decisione di lasciare la propria casa e di iniziare una nuova vita diversa, dove non esistono obiettivi materialistici e dove le persone vivono in unità e pace.

Fred lasciò che Salwa andasse con Nadia perché era terrorizzata quando vide il velivolo spaziale e scoppiò in un frenetico pianto isterico. Nadia fu l'unica del gruppo che riuscì a tranquillizzarla e le tenne la mano per assicurarle che tutto sarebbe andato bene e che non c'era bisogno di avere paura. Fred esitò per un po' e stava per prendere sua figlia Salwa e andarsene, ma Nadia riuscì a convincerlo che li aspettava una vita migliore e che avrebbero potuto trovare l'unità, la pace e la felicità che non erano riusciti a raggiungere sulla Terra. Fred pensò per ore e ore, poiché era un medico e prendeva uno stipendio elevato che gli permetteva di godere di un alto tenore di vita, ma questo non gli dava felicità o soddisfazione perché più guadagnava, più consumava beni non necessari ma importanti per stare al passo con il resto del suo entourage sociale e di facciata. In altre parole, era sempre desideroso di acquistare le ultime marche e stili di telefoni cellulari, automobili, apparecchiature elettriche, vestiti e l'elenco non finiva mai. Questo era il caso di tutti coloro che potevano permettersi di pagare tali articoli e che appartenevano alle classi medie e alte. Tutti desideravano vantarsi e mostrare la loro capacità di consumare e acquistare l'ultima moda e le ultime marche disponibili sul mercato, anche se non ne avevano bisogno. Il loro unico desiderio era quello di scattarsi selfie e foto con tutto ciò che avevano comprato ultimamente per far sentire i loro amici invidiosi o per andare, se potevano permetterselo, a comprare le stesse cose per placare il loro ego. La moglie lo ha abbandonato e questo ciclo infinito lo ha spinto a prendere sua figlia e a cercare una nuova vita e quindi la sua decisione è stata quella di andare a Unitonia con il resto del gruppo.

Anche Ahmed e Ali erano molto preoccupati e dissero a Emma di dare loro un po' di tempo per riflettere e decidere se decidere di andare con lei a Unitonia. Ahmed temeva di non trovare lavoro come agricoltore a Unitonia e questo preoccupava anche Ali, che era un ingegnere e non era sicuro che il suo lavoro fosse necessario a Unitonia. Entrambi hanno concordato di discutere ulteriormente la questione con Emma. Quando hanno parlato delle loro preoccupazioni a Emma, lei ha detto: "Vi prego di stare tranquilli, ognuno dei membri di questo gruppo ha un lavoro garantito a Unitonia e parteciperà al commercio dei propri prodotti con gli altri cittadini di Unitonia". Le parole di Emma confortarono Ahmed e Ali che decisero di andare con il resto del gruppo a Unitonia.

Ora erano tutti in piedi davanti all'astronave e la porta si aprì con Emma davanti. Li fece entrare uno alla volta e furono accolti da alieni che sembravano umani, ma avevano uno strano sguardo. Sorridevano tutti e sembravano pacifici e felici. Il gruppo è stato condotto in una stanza con delle sedie, dove è stato chiesto loro di sedersi e di allacciare le cinture di sicurezza, poiché il veicolo spaziale stava per partire. Si adeguarono e, non appena allacciate le cinture di sicurezza, sentirono un boato all'esterno. Nadia era seduta accanto al finestrino e poté vedere una folla di persone che si avvicinava al velivolo spaziale e che gridava e urlava con i fucili puntati contro il velivolo spaziale. Nadia chiamò Emma chiedendo: "Perché non li fai entrare? Sembra che vogliano unirsi a noi. Perché non puoi aprire il portello della navicella per farli entrare?". Emma rispose: "No. Non è possibile, perché sono armati e noi siamo alieni pacifici e uniti che non possono mai comunicare con esseri umani aggressivi che usano le armi per controllare gli altri, perché questo è un segno di divisione che non possiamo tollerare o accettare nella nostra società". Con queste parole di Emma, l'astronave partì per Unitonia.

Ci sono voluti circa tre giorni per raggiungere Unitonia e durante questo periodo gli alieni sono stati amichevoli e molto disponibili nei confronti del gruppo (Nadia, Fred, Salwa, Ahmed, Ali e Susan). Sentivano di essere con le loro famiglie e non sentivano la mancanza della loro vita passata. Infine, sono arrivati e il velivolo spaziale è atterrato. Non appena il portellone si è aperto, si è assistito a una scena indimenticabile che è rimasta impressa nella loro mente da quando hanno messo piede su Unitonia. Con loro grande stupore, la gravità era normale e le persone non volavano qua e là. Il paese non solo aveva un paesaggio splendido, ma l'architettura di tutti gli edifici era in armonia, tanto che si poteva facilmente identificare la mentalità di unità degli alieni, perché tutti gli edifici erano collegati l'uno all'altro e modellati in un enorme cerchio che avrebbe facilitato il commercio tra i cittadini. Tutte le case erano in realtà bifamiliari e avevano un giardino vero o un giardino artificiale a terrazze, dove gli abitanti si divertivano a trascorrere il tempo libero con qualsiasi hobby di loro interesse. Non c'erano poveri o ricchi, perché tutti erano uguali per quanto riguarda le dimensioni delle loro case. Ogni famiglia poteva scegliere se avere uno o due figli e non poteva averne altri perché tutti vivevano nello stesso spazio. La scelta che veniva data alle persone per quanto riguardava le loro case era il colore delle loro bifamiliari e dovevano scegliere tra una serie di colori per mantenere l'armonia e l'unità che si manifesta in tutto il Paese.

Gli stranieri erano tutti specializzati in campi diversi e il gruppo (Nadia, Fred, Ahmed, Ali e Susan) non ha trovato difficoltà a integrarsi secondo la propria professione. La giovane Salwa è stata un'eccezione, in quanto è entrata a far parte dell'unica scuola e dell'unica università esistenti a Unitonia che ha avuto studenti dall'inizio alla fine. In altre parole, era una scuola e un'università allo stesso tempo. L'unità qui si vede nel fatto che tutti hanno ricevuto la stessa istruzione di base e quando hanno raggiunto l'università hanno avuto la possibilità di scegliere la professione che preferivano, a seconda delle esigenze di Unitonia. Così, se il pianeta Unitonia ha bisogno di medici e ingegneri, per esempio, avranno una di queste due possibilità di scelta. Questo piano assicura che tutti coloro che vivono su questo pianeta, quando scelgono una professione, troveranno altri che scambieranno con loro perché i lavori scelti sono necessari a Unitonia.

Il commercio si svolgeva una volta al giorno, a una certa ora, dopo la fine del lavoro. Le persone erano obbligate a farlo solo a un'ora stabilita, in modo da adattarsi alle loro esigenze quotidiane. Il denaro non esisteva e non c'erano classi in questa società, perché tutti erano uguali. Le famiglie vivevano vicine e avevano il privilegio di potersi visitare spesso, il che consentiva loro di aiutarsi a vicenda nell'educazione dei figli e nel sostenere i genitori e i nonni quando diventavano vecchi e indifesi. Fred, Salwa, Nadia, Ahmed, Ali e Susan erano davvero felici e soddisfatti, perché si sentivano sempre parte di un'intera società che non aveva obiettivi materialistici e la loro unica preoccupazione era quella di fornire servizi e prodotti adeguati agli altri, in modo che fossero disposti a commerciare con loro. Ad esempio, se uno dei cittadini di Unitonia aveva bisogno di pane, si recava dal fornaio e scambiava il pane con le uova, se era specializzato nella loro produzione, e lo stesso sistema di scambio si applicava a tutti gli altri articoli.

Per quanto riguarda i trasporti, il pianeta metteva a disposizione mini-aerei con fermate specifiche dove era possibile utilizzarli automaticamente e raggiungere la destinazione desiderata a condizione di lasciare l'aereo parcheggiato nell'area designata. Nessuno possedeva questi aerei, perché erano di proprietà di Unitonia. Se l'area di parcheggio non era vicina alla destinazione, si doveva percorrere il resto della distanza a piedi. In questo modo tutti dovevano camminare ogni giorno per un certo periodo di tempo, il che garantiva uno stile di vita sano. Il numero di aerei era equivalente a quello dei lavoratori. Gli anziani non potevano guidare questi aerei, perché il commercio poteva essere svolto dai figli o dai nipoti.Fred, Salwa, Nadia, Ahmed, Ali e Susan vivono a Unitonia ancora oggi. Sognano sempre di esportare il sistema e lo stile di vita di Unitonia sulla Terra, ma continuano a rimandare i loro sogni perché dubitano che gli esseri umani sulla Terra soccombano a questo mondo unito e pacifico dove nulla conta se non l'unità, la pace e l'amore.

Opere citate

Abdelmegid, B. (2010). *Santa Teresa e il sonno degli sconosciuti.* Il Cairo, Egitto: Università americana in Egitto.

Allen, D. S. (2004). *Parlare con gli estranei: Anxieties of Citizenship since Brown V. Board of Education.* Chicago: University of Chicago Press.

Anderson, B. (1991). *Comunità immaginate: Reflections on the Origin and Spread of Nationalism.* New York : Verso.

Anderson, B. (1991). *Comunità immaginate: Reflections on the Origin and Spread of Nationalism 2nd rev. ed.* New York: Verso.

Caceres, S. B. (2011). Verso il concerto in Africa: Cercare il progresso e il potere attraverso la coesione e l'unità. *African Studies Quarterly, volume 12, numero 4.*

Constant, B. M. (prima pubblicazione 1816, 2016). *Adolphe .* U.S.A.: Createspace Independent Publishing Platform.

Counter, A. J. (2014). La politica riproduttiva di Zola alla fine del secolo. *Studi francesi: A Quarterly Review, Volume 68, Numero 2.*, 193-208.

Cusack, I. (2001). Costruttori di nazioni al lavoro: Il "mito dell'unità bantu" in Equatoguinea. *Nationalis and Ethnic Politics, 7:3, DOI:10.1080/*1357110108428638, 77-97.

Du Bois, E. B. (1989). *Le anime della gente nera: Essays and Sketches.* New York: Bantam.

Fernando, L. (1993). Il *verde è il colore.* Kula Lumpur: Silverfish.

Galison, P. (1998). L'americanizzazione dell'unità. *Dedalo, vol. 127, n. 1, Scienza nella cultura*, 45-71.

Gates, H. L. (1994). *Persone di colore: A Memoir.* New York: Knopf.

Hartman, G. (1997). *La fatidica questione della cultura.* New York: p. 6.

Hepburn, B. (novembre). Gli Stati Uniti sono ancora una nazione profondamente divisa. *Toronto Star*, 2008.

Hollinger, D. A. (2011). L'unità della conoscenza e la diversità dei sapienti: La scienza come agente di integrazione culturale negli Stati Uniti tra le due guerre mondiali. *Pacific Historical Review, vol. 80, n. 2*, 211-230.

Jahoda, G. (2014). Theodar Waitz sull'unità psichica. *Springer Science and Business Media New York- Integr Psych Behav*, 176-203.

Johnson, C. (1998). *Sognatore: A Novel.* New York: Scribner.

LANDY, J. (PRIMAVERA ESTATE 2009). L'abisso della libertà: Legittimità, unità e ironia in "Adolphe" di Constant. *Nineteenth-Century French Studies, Vol. 37, No. 3/4 .*, 193-213.

Lee, A. (1984). *Sarah Phillips.* Boston : Northeastern UP, 1993.

Lim, D. C. (2010). Unità perduta? Riformulare le relazioni etniche in Green is the Colour di Lloyd Fernando. *Journal of Postcolonial Writing*, 46:2, 138-150.

Lisson, D. (2008). Definizione di "gruppo nazionale" nella Convenzione sul genocidio: A Case Study of Timor-Leste. *Stanford Law Review Vol. 60*, 1459-1496.

Loewe, M. (1994)). Il senso di unità della Cina visto nei primi imperi. *T'oung Pao, Seconda Serie, Vol. 80, Fasc. 1/3 ,* 6-26.

MADDEN, D. (2012). You Can't Go Home Again: la visione dell'America di Thomas Wolfe. *Thomas Wolfe Review (2012).*

McGarry, J. a. (1995). *Spiegare l'Irlanda del Nord: Immagini spezzate. .* Londra: Wiley-Blackwell.

McGarry, J. a. (2009). La *teoria consociativa: McGarry e O'Leary e il conflitto nordirlandese.* Londra: Routledge.

Mezciems, J. (1977). L'unità del "Viaggio a Laputa" di Swift: Struttura come significato nella narrativa utopica. *The Modern Language Review, Vol. 72, No. 1,* 1-21.

Mihelj, S. (2008). Eventi mediatici nazionali: Dalle manifestazioni di unità alle rappresentazioni di divisione. *Rivista europea di studi culturali. Pubblicazioni SAGE. Università di Loughborough*, volume 11 (4) 471-488.

Morahg, G. (settembre 1999). La prova della tolleranza: Diversità culturale e unità nazionale in Un viaggio alla fine del millennio di A. B. Yehoshua. *Prooftextd, volume 19, numero 3*, 235-256.

Moss, S. M. (2014). Oltre il conflitto e le identità rovinate: How Rwandan Leaders Justify a Single Recatagorisation Model for Post-Conflict Reconciliation. *Journal of Social and Political Psychology*, 435-449.

Moss, S. M. (2016). Non si può dare una siringa con l'unità. *Analisi delle questioni sociali e delle politiche pubbliche, Vol. 16, No. 1.* , 325-359.

Murray, R. (2010). Il tempo della rottura: Class Division and the Contemporary African American Novel. *Romanzo: A Forum on Fiction, Vol. 43, No. 1, Theories of the Novel Now, Part III*, PP. 11-17.

Nagle, J. (2013). Unità nella diversità: Le sfide dei movimenti sociali non settari alla politica dell'antagonismo etnico nelle città violentemente divise. *International Journal of Urban and Regional Research, volume 37*, 78-92.

Penner, T. (1972). L'unità della virtù. *Th Philosophical Review, vol. 82*, 35-68.

Plaut, V. (2014). Scienza della diversità e progettazione istituzionale. *Policy Insights from the Behavioral and Brain Sciences, I*, 72-80.

Quayum, M. A. (2007). Immaginare la 'Bangsa Malaysia': Race, Religion and Gender in Green is the Colour di Lloyd Fermando. *Un cielo, molti orizzonti: Studies in Malaysian Literature in English*, 151-66.

Rossbacher, B. (primavera 1997). Unità e comunità immaginaria: Die Birnen von Ribbeck e Der Sonntag, andem ich Weltmeister wurde di F. C. Delius. *The German Quarterly, Vol. 70, No. 2*, 151-167.

Rowland, R. C. (2007). "Riformulare il sogno americano e la politica americana: Barak Obama's Keynote Adress to the 2004 Democratic National Convention". *Quarterly Journal of Speech 93*, 435.

Silva-Leander, S. (2008). Pericolo e necessità della democratizzazione: TradeOff tra stabilità a breve termine e pace a lungo termine nel Ruanda post-genocidio. *Third World Quarterly, vol. 29, n. 8*, 1601-1620.

Snyder, J. a. (1997). Il nazionalismo e il mercato delle idee. *National and Ethnic Conflict*, 61-96.

Soares, A. (2009). Identità nazionale e unità nazionale nella letteratura contemporanea di Timor Est. *Studi portoghesi, vol. 25, n. 1*, 80-101.

Tabishat, M. (2012). La società nel cinema: Anticipating the Revoution in Egyptian Fiction and Movies. *Ricerca sociale: An International Quarterly*, volume 79, numero 2, pp. 377-396.

Taher, B. t. (1996). *Zia Safiyya e il monastero*. Berkeley e Los Angeles: University of California Press.

Terrill, R. E. (2009). Unità e dualità in "A More Perfect Union" di Barack Obama. *Quarterly Journal of Speech Vol. 95, No. 4*, 363-386.

Wolf, S. (2007). LA PSICOLOGIA MORALE E L'UNITÀ DELLE VIRTÙ. *Rivista di compilazione Blackwell Publishing Ltd.*

Yehoshua, A. B. (1993). *Un viaggio alla fine del millennio*. Portsmouth: Heinemann.

Printed by Books on Demand GmbH, Norderstedt / Germany